Impressum
Verlag: BABADADA GmbH, Nedderfeld 112 , 22529 Hamburg
Geschäftsführer / Verlagsleitung: Harald Hof
Druck: Books on Demand GmbH, In de Tarpen 42, 22848 Norderstedt

Imprint
Publisher: BABADADA GmbH, Nedderfeld 112 , 22529 Hamburg, Germany
Managing Director / Publishing direction: Harald Hof
Print: Books on Demand GmbH, In de Tarpen 42, 22848 Norderstedt, Germany

ቤት-ትምህርቲ

škola

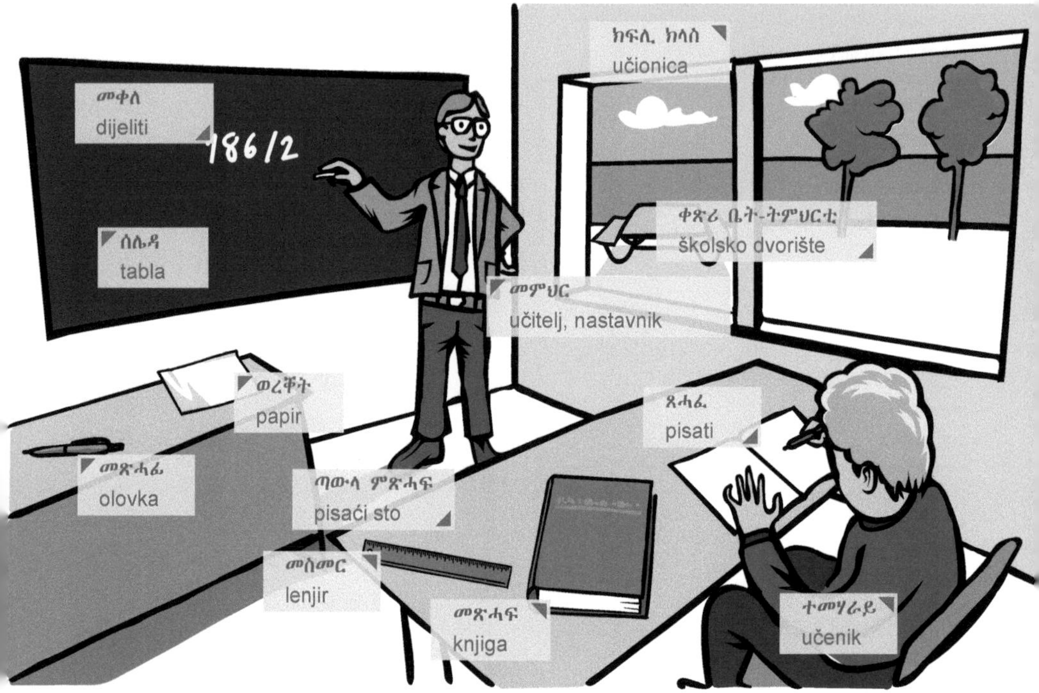
ክፍሊ ክላስ
učionica
መቀለ
dijeliti
186/2
ሰሌዳ
tabla
ቀጽሪ ቤት-ትምህርቲ
školsko dvorište
መምህር
učitelj, nastavnik
ወረቐት
papir
ጸሓፈ
pisati
መጽሓፊ
olovka
ጣውላ ምጽሓፍ
pisaći sto
መስመር
lenjir
መጽሓፍ
knjiga
ተመሃራይ
učenik

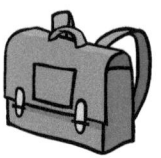

ሳንጣ ትምህርቲ

torba

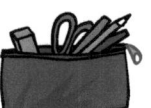

ሰፈር ብርዒ

pernica

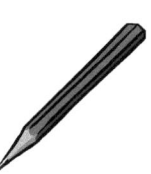

ርሳስ

drvena olovka

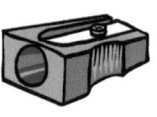

መብልሒ ርሳስ

šiljalo za olovke

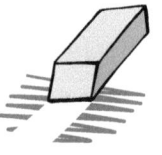

መደምሰሲ

gumica

ጥራዝ ስእሊ

blok za crtanje

ስእሊ

crtež

ብሩሽ ቀለም

kist

ቦክስ ቀለም

kutija s bojama

መቐስ

makaze

መጣበቒ

ljepilo

ጥራዝ መላመዲ

vježbanka

ዕዮ ገዛ

domaća zadaća

12

ቁጽሪ

broj

2+2

መሰኸ

sabirati

5-2

ጎደለ

oduzimati

2×2

ረብሓ

množiti

ደመረ

računati

A

ፊደል

slovo

ABCDEFG HIJKLMN OPQRSTU VWXYZ

ስርዓት ፊደላት

abeceda

hello

ቃል

riječ

ጽሑፍ

tekst

አንበበ

čitati

ኩርሽ

kreda

ሰዓት

sat

መዝገብ ክላስ

školski dnevnik

መርመራ

ispit

ሰርቲፊከት

svjedočanstvo

ድቢዛ ቤት‑ትምህርቲ

školska uniforma

ትምህርቲ

izobrazba

ለክሲኮን

leksikon

ዩኒቨርሲቲ

univerzitet

ሚክሮስኮፕ

mikroskop

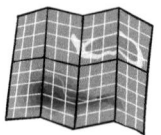

ካርታ

karta

ጎሓፍ ወረቓት

korpa za papir

መቦበሊ ኣጋይሽ
hotel

ሆስተል
hostel

ROOMS

ECHANGE

ቦታ ቅያር ገንዘብ
mjenjačnica

ባሊጃ
kofer

መኪና
auto

ቋንቋ
jezik

እወ / ኖ
da / ne

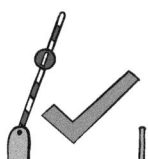

ሕራይ
okej

ሰላም
zdravo

አስተርጓሚ
tumač

የቐንየለይ
hvala

. . . ክንደይ ዋግኡ?

Koliko košta...?

አይተረደኣኹን

Ne razumijem

ሽግር

problem

ሰላም ምሸት!

dobro veče!

ከመይ ሓዲርካ

Dobro jutro!

ሰላም ለይቲ

Laku noć!

ደሓን ኩን

doviđenja

አንፈት

smjer

ጉዕዞ

prtljag

ሳንጣ

torba

ሳንጣ ሕቖ

ruksak

ጋሻ

gost

ክፍሊ

soba

ክሻ መደቖሲ

vreća za spavanje

ቴንዳ

šator

ሓበሬታ በጻሕቲ ሃገር

turističke informacije

ገምገም ባሕሪ

plaža

ክሬዲት ካርድ

kreditna kartica

ቁርሲ

doručak

ምሳሕ

ručak

ድራር

večera

ቲከት

putna karta

ሊፍት

lift

ማሕተም ደብዳበ

poštanska markica

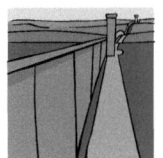

ዶብ

granica

ድንና

carina

ኤምባሲ

ambasada

ቪዛ

viza

ፓስፖርት

pasoš

transport

ነፋሪት
avion

መርከብ
brod

መኪና መጥፍኢ ሓዊ
vatrogasno vozilo

ናይ ጽዕነት መኪና
kamion

ኣውቶቡስ
autobus

ጃልባ ሞቶር
motorni čamac

ብሽግለታ
biciklo

መኪና
auto

ፈሪ

trajekt

ጃልባ

brod

ሞቶ

motocikl

መኪና ፖሊስ

policijski automobil

መኪና ቅድድም

trkaći automobil

ክራይ መኪና

unajmljeni automobil

ምውፋይ መካይን

kar-šering

መወሰዲ መኪና

pauk

መኪና ጎሓፍ

smećarsko vozilo

ሞቶር

motor

ነዳዲ

gorivo

እንዳ ነዳዲ

benzinska pumpa

ምልክት ትራፊክ

saobraćajni znak

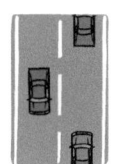

ትራፊክ

saobraćaj

ምጭቕጫቕ ትራፊክ

zastoj

መዐሸጊ መኪና

parking

መዕረፊ ባቡር

željeznička stanica

ሓዲግ

šine

ባቡር

voz

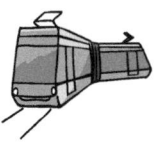

ትረም

tramvaj

ባጎኒ

vagon

ሄሊኮፕተር

helikopter

መዓረፍ ነፈርቲ

aerodrom

ታወር

toranj

ተጓዓዚ

putnik

ኮንተይነር

kontejner

ሳንዱቅ ካርቶን

karton

ኮርሳ ጽዕነት

tačke

ዘንቢል

korpa

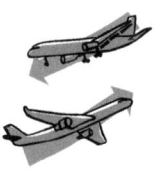

ተበገሰ / ዓለበ

poletjeti / sletjeti

ከተማ

grad

ቀኈሸት

selo

ማእከል ከተማ

centar grada

ገዛ

kuća

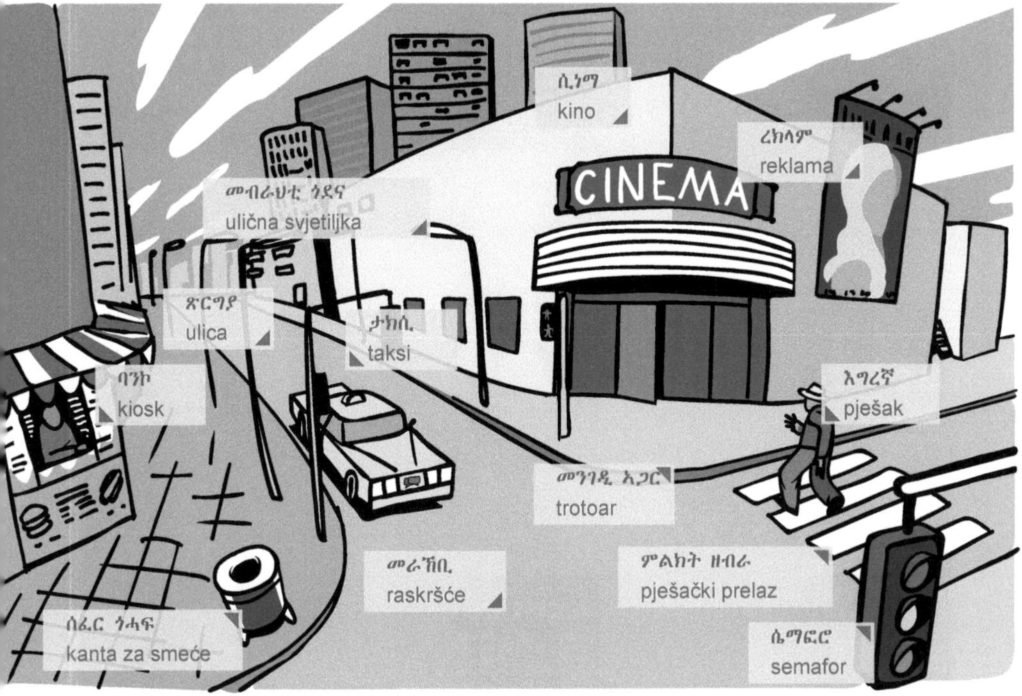

ሲኒማ
kino

ረክላም
reklama

መብራህቲ ጎደና
ulična svjetiljka

CINEMA

ጽርግያ
ulica

ታክሲ
taksi

ባንኮ
kiosk

እግረኛ
pješak

መንገዲ እጋር
trotoar

መራኸቢ
raskršće

ምልክት ዘብራ
pješački prelaz

ሰፈር ጎሓፍ
kanta za smeće

ሴማፎር
semafor

አጉዶ
....
koliba

አፓርትመንት
....
stan

መዕረፊ ባቡር
....
željeznička stanica

ቤት ምምሕዳር
....
vjećnica

ቤተ መዘክር
....
muzej

ቤት-ትምህርቲ
....
škola

ዩኒቨርሲቲ
univerzitet

ባንክ
banka

ሆስፒታል
bolnica

መቐበሊ. አጋይሽ
hotel

ቤት መድሃኒት
apoteka

ቤት ጽሕፈት
ured

ዱኻን መጽሓፍቲ
knjižara

ዱኻን
radnja

ዱኻን ዕንባባ
cvjećara

ሱፐርማርከት
supermarket

ዕዳጋ
pijaca

ሹቅ
robna kuća

ነጋዳይ ዓሳ
prodavač ribe

ሹቅ
trgovački centar

መርሳ
luka

12   ከተማ - grad

መዘናግዒ

park

ባንኪ

klupa

ድልድል

most

መደያይቦ

stepenice

ባቡር ትሕቲ ምድሪ

podzemna željeznica

ቢንቶ

tunel

መዕረፊ አውቶቡስ

autobuska stanica

ቤት መስተ

bar

ቤት-መግቢ

restoran

ሰታሪት

poštanski sandučić

ታቤላ

saobraćajni znak

ሰዓት ፓርኪንግ

sat za naplatu parkinga

መካነ እንስሳታት

zoološki vrt

መሓምበሲ

bazen

መስጊድ

džamija

ቤት ሕርሻ

seosko imanje

ብከላ

zagađenje okoline

መቓበር

groblje

ቤተክርስትያን

crkva

ቦታ ምጽዋት

igralište

ቤት መቕደስ

hram

ስእሊ መሬት
krajolik

አቑጽልቲ
list

መሕበሪ መገዲ
putokaz

መገዲ
putokaz

ሸኻ
livada

እምኒ
kamen

ተጓዓላይ
putnik

አግራብ
drvo

ፈለግ
rijeka

ሳዕሪ
trava

ዕንባባ
cvijet

ስንጭሮ
dolina

ኖቦ
brdo

ቀላይ
jezero

ዱር
šuma

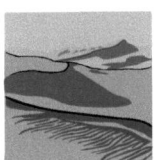

ምድረ በዳ
pustinja

እሳተ-ጎመራ
vulkan

ግምቢ
dvorac

ቀስተ-ደመና
duga

ቃንጥሻ
gljiva

ዓርኮብኮባይ
palma

ጣንጡ
komarac

ሃመማ
muha

ጻጻ
mrav

ንህቢ
pčela

ሳሬት
pauk

ሕንዚዝ
....
buba

ዕንቅርዖብ
....
žaba

ምጽጹላይ
....
vjeverica

ቅንፍዝ
....
jež

ማንቲለ
....
zec

ጉንጓ
....
sova

ጬሩ
....
ptica

ስዋን
....
labud

መፍለስ
....
divlja svinja

ዓጋዘን
....
jelen

ሙስ
....
los

ግድብ
....
brana

ተርባይን ንፋስ
....
vjetrenjača

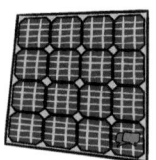

ሶላር ስርሓት
....
solarni modul

ኩነታት ኣየር
....
klima

ቤት-መግቢ

restoran

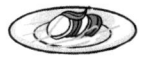

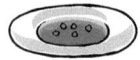

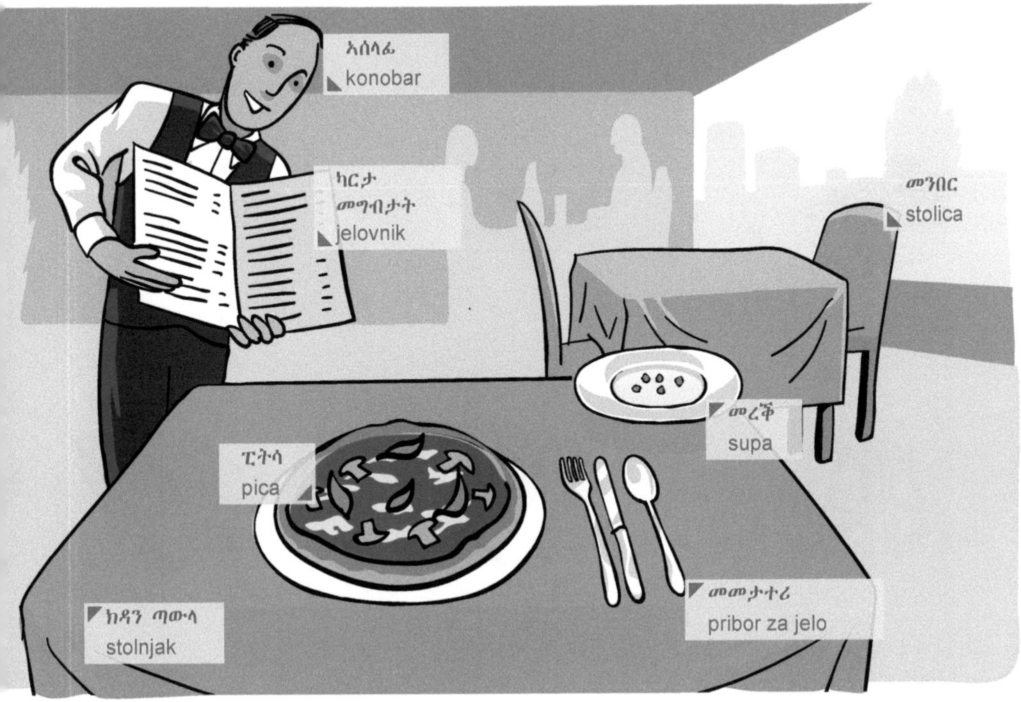
ኣሰላፊ
konobar
ካርታ መግብታት
jelovnik
መንበር
stolica
መረቕ
supa
ፒትሳ
pica
መመታተሪ
pribor za jelo
ክዳን ጣውላ
stolnjak

ቅድመ ቀንዲ መግቢ

predjelo

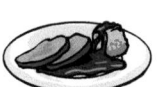

ቀንዲ መኣዲ

glavno jelo

ድሕረ መግቢ

desert

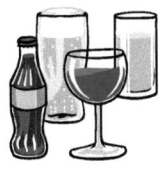

መስተ

piće

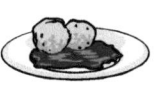

መግቢ

jelo

ጥርሙዝ

flaša

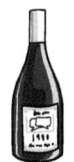

ስሉጥ መግቢ

brza hrana

መግቢ ጽርግያ

jelo sa ulice

ብርጭቆ ሻሂ

čajnik

ታኒካ ሽኮር

šećernica

ክፋል

porcija

ማሽን ኤስፕረሶ

mašina za espreso

ነዊሕ መንበር

barska stolica

ጸብጻብ

račun

ታብለት

tacna

ካራ

nož

ፋርከታ

viljuška

ማንካ

kašika

ማንካ ሻሂ

kašičica

ሰርቪየተ

salveta

ብኬሪ

čaša

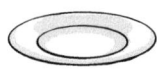

ሸሓኒ

tanjir

ሸሓኒ መረቕ

tanjir za supu

ትሕቲ ኩባያ

tanjurić

ጸብሒ

sos

ወሃቢ ጨው

solanik

መጥሓን በርበረ

mlin za biber

ኣቾቶ

sirće

ዘይቲ

ulje

ቀመም

začini

ከቾፕ

kečap

ኣድሪ

senf

ማዮኔዝ

majoneza

ሱፐርማርክት

supermarket

ወፈያ
ponuda
FOR
ዓሚል
klijent
ፍርያታት ጸባ
mliječni proizvodi
ፍረታት
voće
ሰረገላ ዱኳን
kolica za kupovinu

BUTCHERS

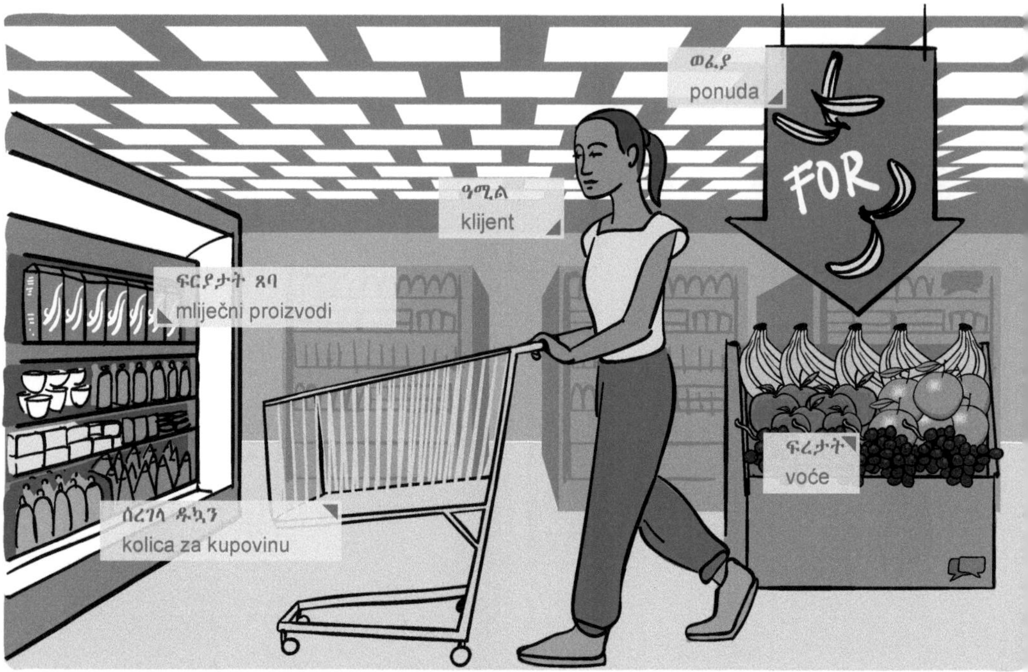

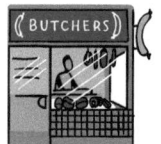

እንዳ ስጋ

mesnica- klaonica

BAKERY

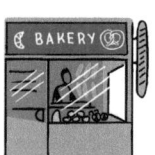

እንዳ ባኒ

pekara

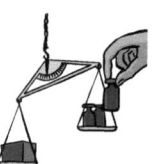

ክብደት

vagati

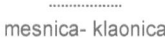

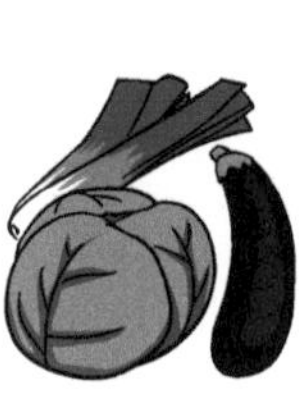

ኣሕምልቲ

povrće

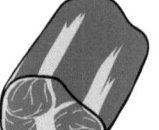

ስጋ

meso

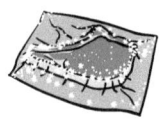

መግቢ ፍሪጅ በረድ

zaleđena hrana

ዝሑል ቅሩብ መግቢ
narezak

እስታጣላ
konzerve

አሞ
prašak za veš

ምቁር መግቢ
slatkiši

ዘቤታውያን ኣቑሑ
kućanski proizvodi

ናውቲ መጸረዪ
sredstvo za čišćenje

ሸቃጣይ
prodavačica

ካሳ
kasa

ተሓዝ ገንዘብ
blagajnik

ዝርዝር ምግዛእ
lista za kupovinu

ክፉት ሰዓታት
radno vrijeme

ማሕፉዳ
novčanik

ክሬዲት ካርድ
kreditna kartica

ሳንጣ
torba

ፌስታል
najlonska vrećica

ማይ

voda

ጽማቍ

sok

ጸባ

mlijeko

ኮላ

kola

ነቢት

vino

ቢራ

pivo

አልኮል

alkohol

ካካው

kakao

ሻሂ

čaj

ቡን

kafa

ኤስፕሬሶ

espreso

ካፑቺኖ

kapućino

ባናና

banana

ቱፋሕ

jabuka

አራንፄ

narandža

ብርጭቆ

lubenica

ለሚን

limun

ካሮት

mrkva

ጻዕዳ ሽጉርቲ

bijeli luk

ባምቡስ

bambus

ሽጉርቲ

crveni luk

ቅንጥሻ

gljiva

ፉል

orašasti plodovi

ፓስታ

pasta

ስፓጌቲ

špagete

ሩዝ

riža

ሰላጣ

salata

ቅልዋ ድንሽ

pomfrit

ቅሉው ድንሽ

pečeni krompir

ፒትሳ

pica

ሃምቡርገር

hamburger

ፓኒኖ

sendvič

ቢስተካ

šnicla

ሰለፍ ሓሰማ

šunka

ሳላሚ

kobasica

ግዕዝም

kobasica

ደርሆ

kokoš

ቀለወ

pečenje

ዓሳ

riba

ገፍት
....
zobene pahuljice

ሙስሊ
....
muzli

ኮርንፍለይክስ
....
kornfleks

ሓርጭ
....
brašno

ክሮሶን
....
kroason

ባኒ
....
zemičke

ባኒ
....
kruh

ቶስት
....
tost

ብሽኩቲ
....
keksi

ጠስሚ
....
maslac

ርጎኦ
....
svježi sir

ፓስተ
....
kolač

እንቋቍሖ
....
jaje

ቅሉው እንቋቍሖ
....
jaje na oko

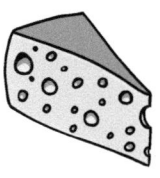

ፋርማጆ
....
sir

አይስ ክሪም
....
sladoled

ሽኮር
....
šećer

መዓር
....
med

ጃም
....
marmelada

ኑጋት-ክሪም
....
nugat krema

ኩሪ
....
kuri

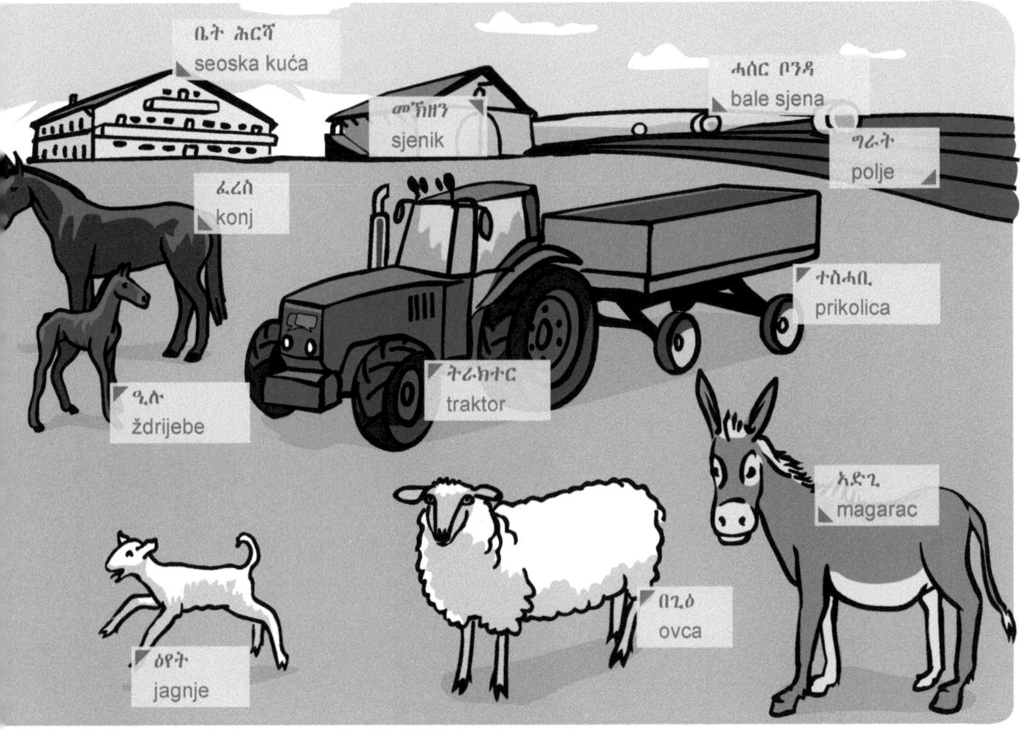

ቤት ሕርሻ
seoska kuća

 መኽዘን
sjenik

ሓሰር ቦንዳ
bale sjena

ግራት
polje

ፈረስ
konj

ተስሓቢ
prikolica

ዒሱ
ždrijebe

ትራክተር
traktor

አድጊ
magarac

ዕየት
jagnje

በጊዕ
ovca

ጤል
··················
koza

ብዕራይ
··················
krava

ምራኽ
··················
tele

ሓሰማ
··················
svinja

ውላድ ሓሰማ
··················
prase

አርሓ
··················
bik

ዓሳ
guska

ማይ ደርሆ
patka

ጫቹት
pile

ደርሆ
kokoška

ኣርሓ ደርሆ
pjetao

እንጨዋ ዓባይ
pacov

ድሙ
mačka

እንጭዋ
miš

ብዕራይ
vol

ከልቢ
pas

ኣጉዶ ከልቢ
pseća kućica

ቱቦ ጀርዲን
crijevo za baštu

መዝፈሪ ማይ
kanta za zalijevanje

ዓቢ ማዕጺድ
kosa

ማሕረሻ
plug

ማዕጺድ

srp

ጮኳር

motika

መስአ

vile

ፋስ

sjekira

ዓረብያ ኢድ

tačke

ጋብላ

korito

ብርጭቆ ጸባ

bokal za mlijeko

ከሻ

vreća

ሓጹር

ograda

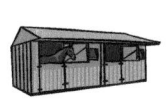

መንሰስ

štala

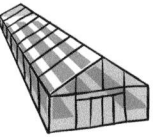

ቆጠልያ ገዛ

staklenik

ባይታ

tlo

ዘርኢ

sjeme

ድኹዒ

đubrivo

ዘጣምር ቀውዓይ

kombajn

ቀውዖ

kositi

ጸማ

žetva

ድንሽ ያም

jam korijen

ስርናይ

pšenica

ሶያ

soja

ድንሽ

krompir

ዕፉን

kukuruz

ራፕስ

uljana repica

ገረብ ፍረታት

drvo voća

ማኒኦክ

manioka

አእኻል

žito

መውጽእ ትኪ
dimnjak

ናሕሲ
krov

መውሓዚ ዝናብ
oluk

መስኮት
prozor

ጋራጅ
garaža

ጭር መበሊት
zvono

ማዕጾ
vrata

ጎሓፍ መገለል
kanta za smeće

ቦክስ ደብዳበ
poštanski sandučić

ጀርዲን
bašta

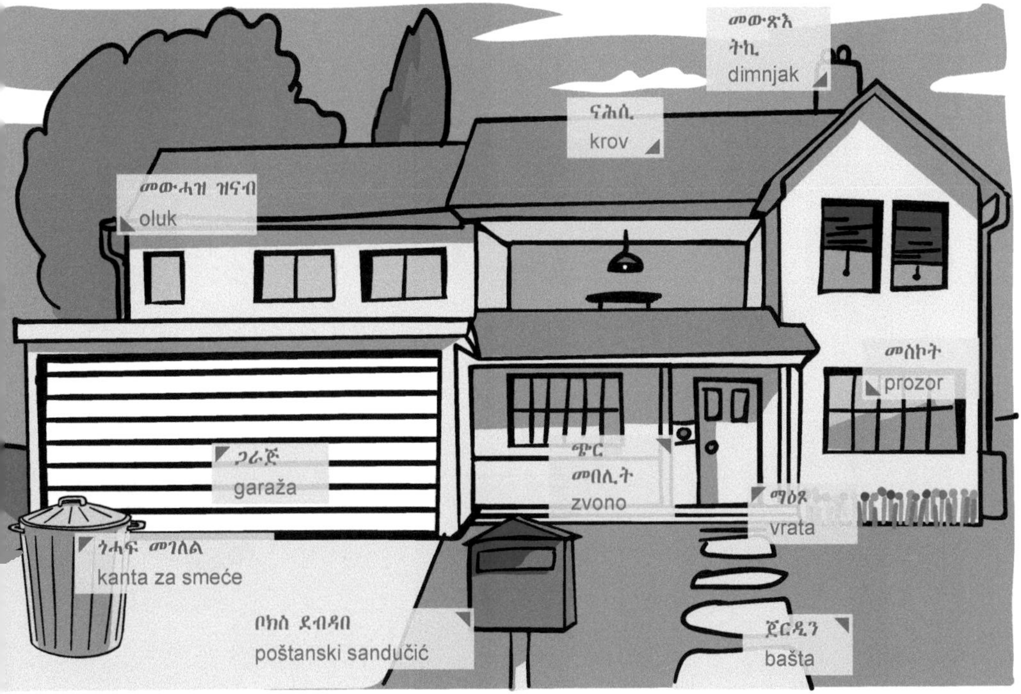

ክፍሊ ምቕማጥ

dnevni boravak

ክፍሊ ባንዮ

kupatilo

ክሽነ

kuhinja

ክፍሊ መደቀሲ

spavaća soba

ክፍሊ ቆልዑ

dječija soba

መመገቢ ክፍሊ

trpezarija

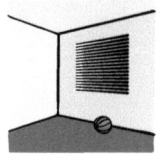

ባይታ

pod, tlo

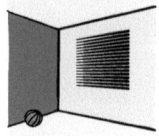

መንደቅ

zid

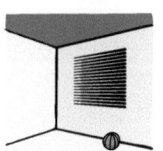

ከቦርታ

plafon

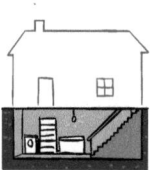

ካንቲና

podrum

ሳውና

sauna

ባልኮን

balkon

ዛላ

terasa

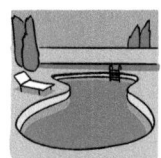

መሕምበሲ

bazen

መቔረጺ ሳዕሪ

kosilica

ኣንሶላ ዓራት

posteljina

ከቦርታ ዓራት

pokrivač

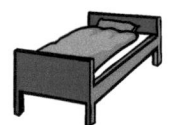

ዓራት

krevet

መኾስተር

metla

መገለል

kanta

መወልዒት

prekidač

ክፍሊ ምቕማጥ

dnevni boravak

ወረቐት
መንደቕ
tapeta
ስእሊ
fotografija
ላምፓ
lampa
ከብሒ
polica
ከብሒ
ormar
ተለቪዥን
televizija
መውጽኢ ትኪ ኣብ
ገዛ
dimnjak
ዕንባባ
cvijet
መተርኣስ
jastuk
ሳሎን
kauč
ባዞ
vaza
ሪሞት
daljinski upravljač

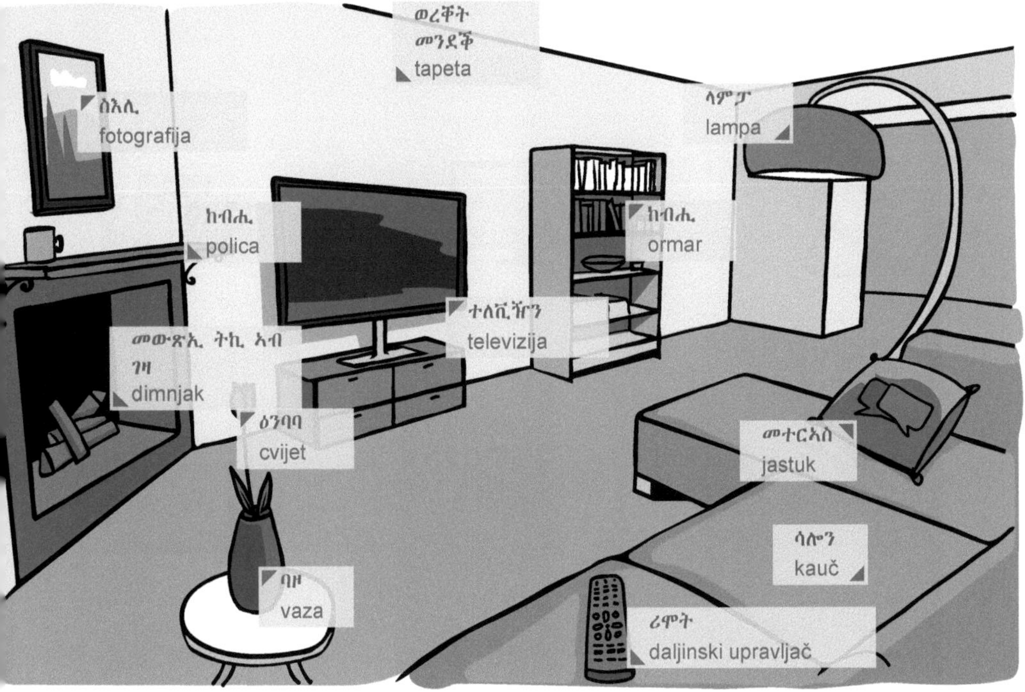

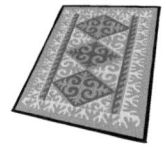

መንጸፍ

tepih

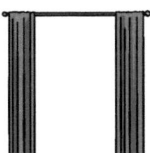

መጋረጃ

zavjesa

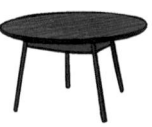

ጣውላ

stol

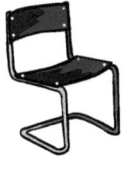

መንበር

stolica

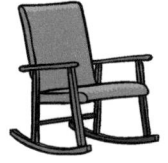

ሰለል ዝብል መንበር

stolica za ljuljanje

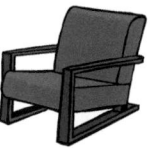

መንበር ምቹእ

fotelja

መጽሓፍ

knjiga

ከበርታ

deka

ስልማት

dekoracija

እንጨይቲ ሓዊ

ložno drvo

ፊልም

film

ስተረዮ

stereo uređaj

መፍትሕ

ključ

ጋዜጣ

novine

ቅብአ

umjetnička slika

ፖስተር

poster

ሬድዮ

radio

ጥራዝ

blok za bilješke

መልገሲ ደሮና

usisavač

በለስ

kaktus

ሽምዓ

svijeća

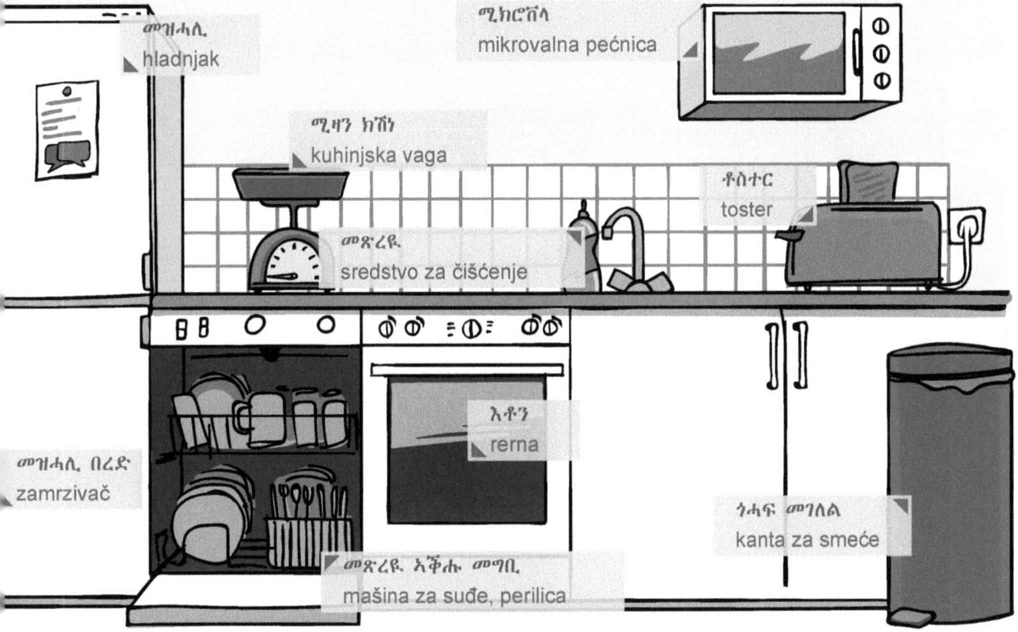

መዝሓሊ.
hladnjak

ሚክሮቭላ
mikrovalna pećnica

ሚዛን ክሽን
kuhinjska vaga

ቶስተር
toster

መጽረዪ.
sredstvo za čišćenje

እቶን
rerna

መዝሓሊ. በረድ
zamrzivač

ጎሓፍ መገለል
kanta za smeće

መጽረዪ. እቁሑ መግቢ.
mašina za suđe, perilica

መኽሸኒ
peć

ድስቲ
lonac

ድስቲ ሓጺን
metalni lonac

ሾክ/ካዳይ
vok / kadai

ባደላ
tava, tiganj

መውዓዪ. ማይ
kuhalo

መፍልሒ

aparat za kuhanje na pari

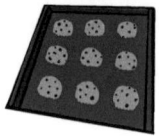

ጎንቴራ ምስንካት

lim za pečenje

ኣቅሑ መግቢ

posuđe

ብርጭቆ

šalica

ጭሓሎ

činija

ማንካዅና

kineski štapići

ማንካ መረቅ

kutlača

መገልበጢ ባደላ

lopatica

መኹስተር ውርጪ

metlica za snijeg bjelanjca

መንፈት መግቢ

sito za kuhanje

መንፈት

sito

መፋሕፍሒ

ribež

ሞርታር

avan s tučkom

ባርቢኪዩ

roštilj

ስፍራ ሓዊ

ložište

እንጨይቲ ምምታር

daska

እንጨይቲ ኩረር

oklagija

መኽፈት ቡሸ

vadičep

ታኒካ

konzerva

መኽፈቲ ታኒካ

otvarač za konzerve

ጨርቂ ድስቲ

krpe za lonac

ቡምባ

sudoper

አስባስላ

četka

ሰፍነግ

spužva

ሓዋሲ አደባላቒ

mikser

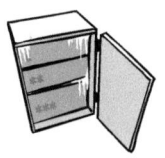

መዝሓሊ በረድ

zamrzivač

ጥርሙዝ ማማይ

flašica za bebu

ቡምባ ማይ

slavina

ክፍሊ ባንዮ
kupatilo

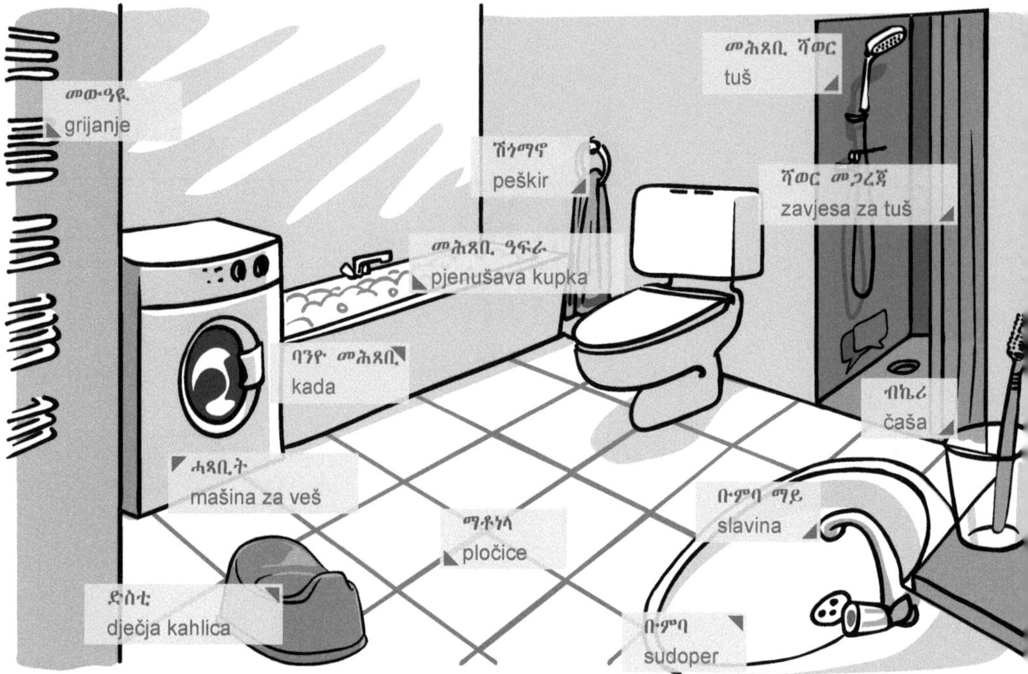
መውዓዪ
grijanje
መሕጸቢ ሻወር
tuš
ሽጎማኖ
peškir
ሻወር መጋረጃ
zavjesa za tuš
መሕጸቢ ዓፍራ
pjenušava kupka
ባንዮ መሕጸቢ
kada
ሓጻቢት
mašina za veš
ብኬሪ
čaša
ቡምባ ማይ
slavina
ማቶነላ
pločice
ድስቲ
dječja kahlica
ቡምባ
sudoper

ሽቓቕ

toalet

ሽቓቕ ኮፍ

čučavac

በዱ

bide

ሽቃቕ ተባዕታይ

pisoar

ወረቐት ሽቓቕ

toalet papir

ኣስባስላ ሽቓቕ

četka za wc

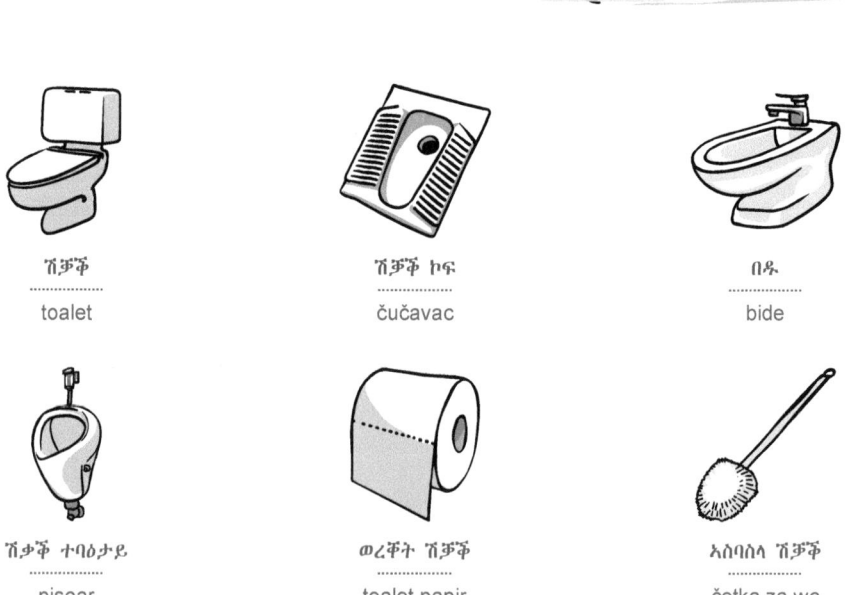

አስባስላ ስኒ

četkica za zube

ክረማ ስኒ

pasta za zube

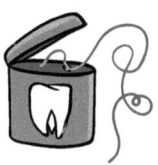

ሃሪ ስኒ

zubni konac

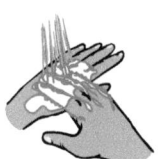

ሓጸበ

prati

ዱሽ ኢ.ድ

tuš

ዱሽ

intimni tuš

ብርጭቆ ምሕጸብ

lavor

አስባስላ ሕቆ

četka za leđa

ሳምና

sapun

ሻወር ጀል

gel za tuširanje

ሻምፑ

šampon

ጨርቂ መሕጸቢ

krpe za pranje

መውሓዚ

odvod

ክረማ

krema

ደዮ ጨና

dezodorans

መስትያት

ogledalo

ናይ ኢድ መስትያት

ogledalo za šminkanje

መላጸ

brijač

ዓፍራ ምልጻይ

pjena za brijanje

ጨና ድሕሪ ምልጻይ

vodica poslije brijanja

መመሸጥ

češalj

አስባስላ

četka

መንቆጺ ጸግሪ

fen

ስፕረይ ጸግሪ

sprej za kosu

መመላኽዒ

puder

ብርዒ ቀለም ከንፈር

karmin

አዝማልቶ

lak za nokte

ጸምሪ ጡጥ

vata

መስደዲ ጽፍሪ

makazice za nokte

ጨና

parfem

ሳንጣ መሕጸቢ
kozmetička torbica

ድኳ
hoklica

ሚዛን
vaga

ክዳን መሕጸቢ
kupaći ogrtač

ጓንቲ መጽረዪ
rukavice za čišćenje

ታምፓን
tampon

ጨርቂ ሰበይቲ
uložak za dame

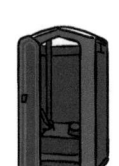

ሽቓቕ ከሚስትሪ
hemijski toalet

ክፍሊ ቆልዑ

dječija soba

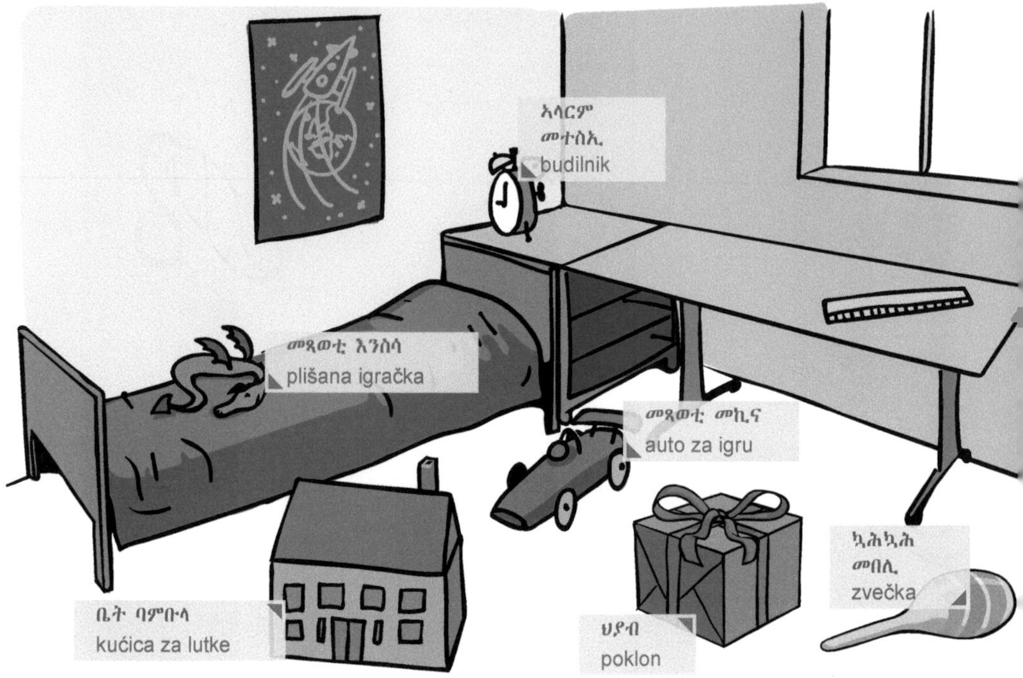
ኣላርም
መተስኢ
budilnik
መጻወቲ እንስሳ
plišana igračka
መጻወቲ መኪና
auto za igru
ኳሕኳሕ
መበሊ
zvečka
ቤት ባምቡላ
kućica za lutke
ህያብ
poklon

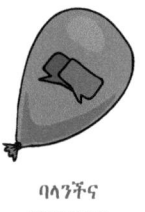

ባላንችና

balon

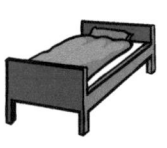

ዓራት

krevet

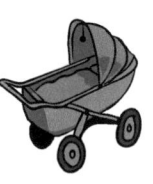

ሰረገላ ህጻን

kolica za djecu

ጸወታ ካርታ

karte za igranje

ሕንቅሊተይ

puzle

SUPER
MEGA

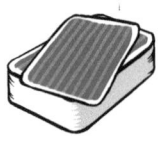

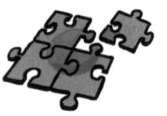

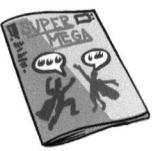

ኮሜዲ

strip

እምንታት መጸወቲ ለጎ
....
lego kockice

መጸወቲ እምንታት
....
kockice za gradnju

በዓል አክቸን
....
akcione figure

ክዳን ማማይ
....
benkica

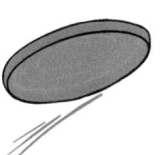

ፍሪስቢ
....
frizbi

ሞባይል ማማይ
....
mobile

ጸወታ ሰሌዳ
....
igra na ploči

ኩቦ
....
kocka

ሞደል ባቡር ምድሪ
....
miniatura željeznice

ዓባስ
....
cucla

ፓርቲ
....
zabava

መጽሓፍ ስእሊ
....
slikovnica

ኩዕሶ
....
lopta

ባምቡላ
....
lutka

ተጻወተ
....
igrati

መጻወቲ ሓጺ

pješćanik

ሰላል

ljuljačka

መጻወቲታት

igračke

ኮንሶል ቪድዮ

konzola za igru

መጻወቲ ሰለስተ መንኮርኮር

triciklo

ተዲ

medvjedić

ከብሒ ክዳን

ormar

ካልስታት

kratke čarape

ነዊሕ ካልስታት

čarape

ስረ ካልሲ

hulahopke

ሻርባ
šal

ጽላል
kišobran

ማልያ
majica kratkih rukava

ቁልፊ
kaiš

ረፍዕ
čizme

ጫማ ገዛ
papuče

ስኒከርስ
patike

ሻበጥ
....
sandale

ጫማ
....
cipele

ረፍዕ ጎማ
....
gumene čizme

ሙታንታ
....
gaće

ክዳን ጡብ
....
grudnjak

ትሕተ ካሚቻ
....
potkošulja

ቦዲ

bodi

ስረ

hlače

ጂንስ

farmerke

ቀምሽ

suknja

ካምቻ

bluza

ካሚቻ

košulja

ጉልፎ

džemper

ጎልፎ

majica

ጃኬት

sako

ጃከት

jakna

ጁባ

mantil

ክዳን ዝናብ

kišni mantil

ኮስቱም

kostim

ቀምሽ

haljina

ቀምሽ መርዓ

vjenčanica

ልብሲ
odijelo

ካሚቻ ለይቲ
spavaćica

ክዳን ለይቲ
pidžama

ሳሪ
sari

መሃረብ ርእሲ
marama

ቱርባን
turban

ቡርካ
burka

ካፍታን
kaftan

አባያ
abaja

ክዳን መሕምበሲ
kupaći kostim

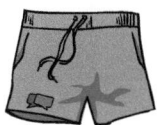

ስረ መሕምበሲ
kupaće gaće

ሓጺር ስረ
kratke hlače

ክዳን ታዕሊም
trenerka

በጃ ክዳን
pregača

ንንቲ
rukavice

መልጎም

dugme

መነጽር

naočare

በንናጅር

narukvica

ማዕተብ

ogrlica

ቀለበት

prsten

ኩትሻ

naušnica

ቆብዕ

kapa

መንበሪ ጁባ

vješalica

ባርኔጣ

šešir

ካርራቫት

kravata

ሻርኔጣ

patentni zatvarač

ሀልመት

kaciga

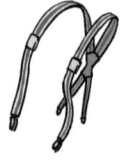

መድልደል ስረ

tregeri za hlače

ድቢዛ ቤትትምህርቲ

školska uniforma

ድቢዛ

uniforma

ሰደርያ ቆልዓ
......
podbradak

ዓባስ
......
cucla

ጨርቂ ማማይ
......
pelene

ቤት ጽሕፈት

ured

ሰርቨር
server

ከብሒ ሰነድ
ormar za kartoteku

ፕሪንተር
štampač

ወረቐት
papir

ሞኒቶር
monitor

ጣውላ ምጽሓፍ
pisaći sto

አንጭዋ
miš

ሓዥፊ
registrator

ኪቦርድ
tastatura

ጎሓፍ ወረቐት
korpa za papir

ኮምፒተር
kompjuter

መንበር
stolica

ብርጭቆ ቡን
......
šolja za kafu

ካልኩለተር
......
kalkulator

ኢንተርነት
......
internet

ለፕቶፕ

laptop

ደብዳበ

pismo

መልእኽቲ

poruka

ሞባይል

mobilni telefon

ነትወርክ/መርበብ

mreža

መቅድሒ ፎቶኮፒ

aparat za kopiranje

ሶፍትዌር

softver

ተለፎን

telefon

ሶከት ኣረንቲ

utičnica

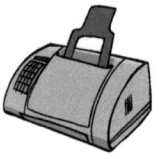

ፋክስ

faks

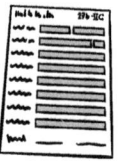

ፎርም

formular

ሰነድ

dokument

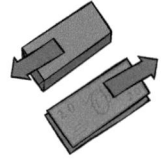

ገዝአ

kupovati

ከፈለ

platiti

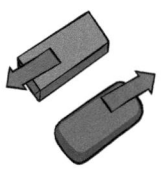

ንግዲ

trgovati

ገንዘብ

novac

ዶላC

dolar

ኦይሮ

euro

የን

jen

ሩብል

rublja

ስዊዝ ፍራንከን

franak

ረንሚንቢ የዋን

renminbi jen

ሩፐየ

rupi

መውጽኢ ማሺን ገንዘብ

bankomat

በታ ቅያር ገንዘብ

mjenjačnica

ወርቂ

zlato

ብሩር

srebro

ዘይቲ

nafta

ሓይሊ

energija

ዋጋ

cijena

ውዕል

ugovor

ቀረጽ

porez

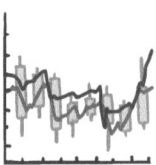

እኩብ ጥሪ-ነገራት

akcija

ሰርሐ

raditi

ሰራሕተኛ

službenik

ኣስራሒ

poslodavac

ትካል

fabrika

ዱኳን

radnja

ሞያታት

zanimanja

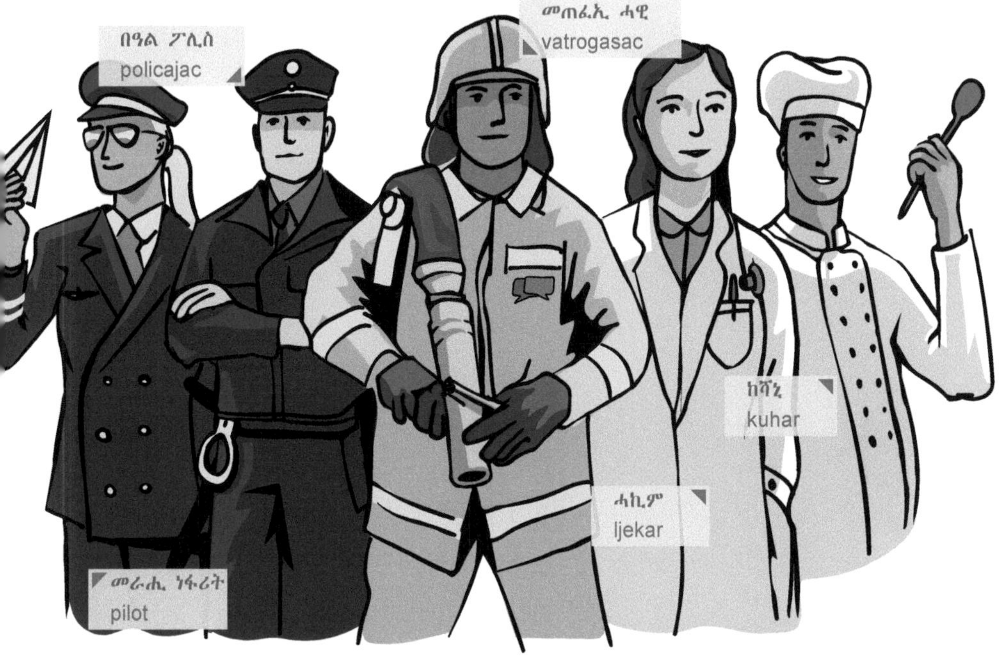

በዓል ፖሊስ
policajac
መጠፈኢ ሓዊ
vatrogasac
ከሻኒ
kuhar
ሓኪም
ljekar
መራሒ ነፋሪት
pilot

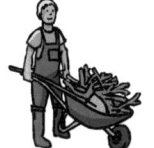

ሰራሕተኛ ጀርዲን

baštovan

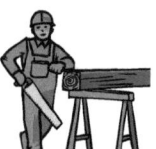

ጸራቢ ዕንጸይቲ

stolar

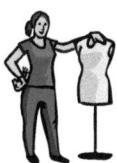

ሰፋይት

krojačica

ፈራዳይ

sudija

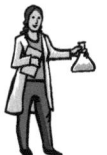

ቀማሚ

hemičar

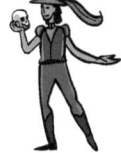

ተዋሳኢ

glumac

መራሒ አዉቶቡስ

vozač autobusa

አዉቲስታ ታክሲ.

vozač taksija

ገፋፊ ዓሳ

ribar

ጸራጊት

čistačica

ሃናጻይ ናሕሲ.

krovopokrivač

አሰላፊ

konobar

ሃዳናይ

lovac

ሰአላይ

moler

እንዳ ሕብስቲ

pekar

ኤለትሪከኛ

električar

ሃናጺ አባይቲ

građevinski radnik

ሃንዳሲ.

inženjer

ሰራሕተኛ እንዳ ስጋ

koljač

ድራብሊኮ

limar, vodoinstalater

አማላላሲ ፖስጣ

poštar

ወታሃደር

vojnik

መሃንድስ

arhitekta

ተሓዝ ገንዘብ

blagajnik

ሰራሕተኛ ዕምባባ

cvjećar

ቀምቃማይ

frizer

ፈተሪኖ

kontrolor

መካኒክ

mehaničar

መራሒ መርከብ

kapiten

ሓኪም ስኒ

zubar

ተመራማሪ

naučnik

ራቢ

rabin

ኢማም

imam

ፈላሲ

monah

ቀሺ

sveštenik

ናውቲ

alat

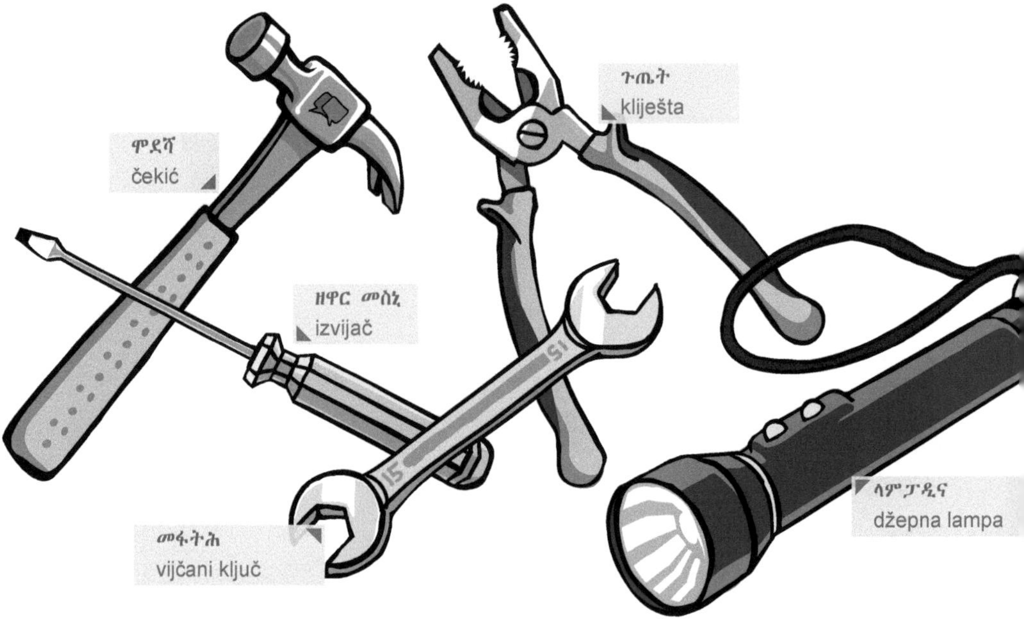

ሞደሻ
čekić
ጉጤት
kliješta
ዘዋር መስኒ
izvijač
መፋትሕ
vijčani ključ
ላምፓዲና
džepna lampa

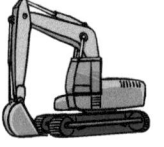

ፈሓሪ
....
bager

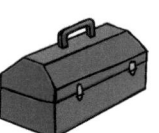

ናውቲ ቦክስ
....
kutija sa alatom

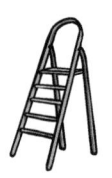

መደያይቦ
....
ljestve

መጋዝ
....
testera, pila

መስማር
....
ekser

ኰዓቲ
....
bušilica

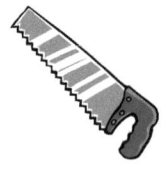

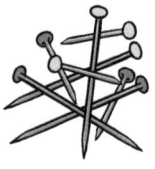

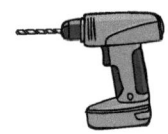

ምዕራይ

popraviti

ባደላ

lopata

አይ!

sranje!

መትሓቢ ዶሮና

lopatica

ድስቲ ቀለም

kanta boje

ካቻቢተ

vijak

መሳርሒ ሙዚቃ
muzički instrumenti

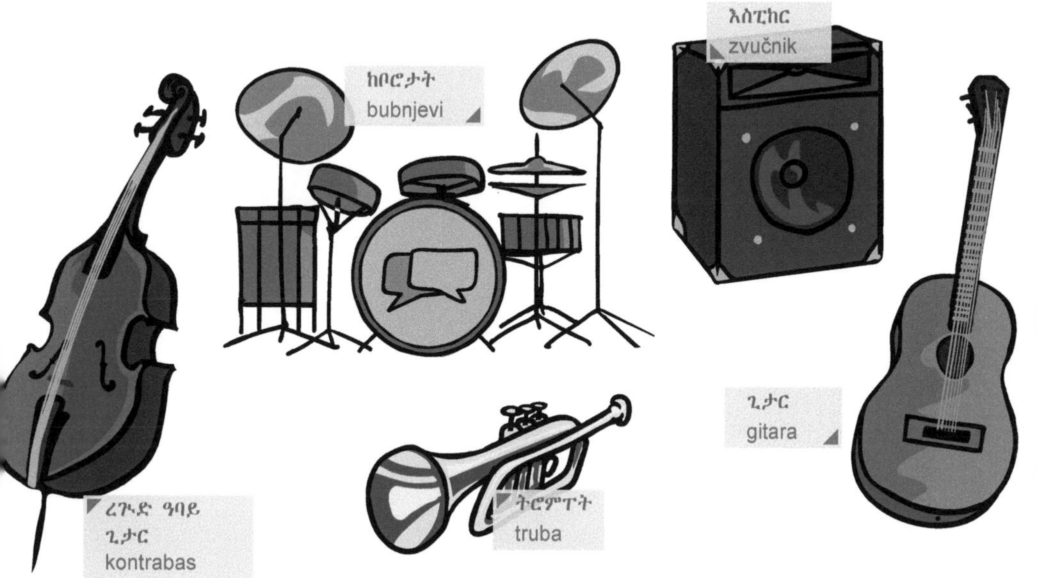

እስፒከር
zvučnik

ከበሮታት
bubnjevi

ጊታር
gitara

ረጒድ ዓባይ
ጊታር
kontrabas

ትሮምፐት
truba

ፒያኖ

klavir

ቪዮሊን

violina

ባስ ጊታር

bas

ቲምንአ

bubanj timpani

ከበሮ

bubanj

አርጋን

sintisajzer

ሳክሶፎን

saksofon

ሻምብቆ

flauta

ሚክሮፎን

mikrofon

መካነ እንስሳታት

zološki vrt

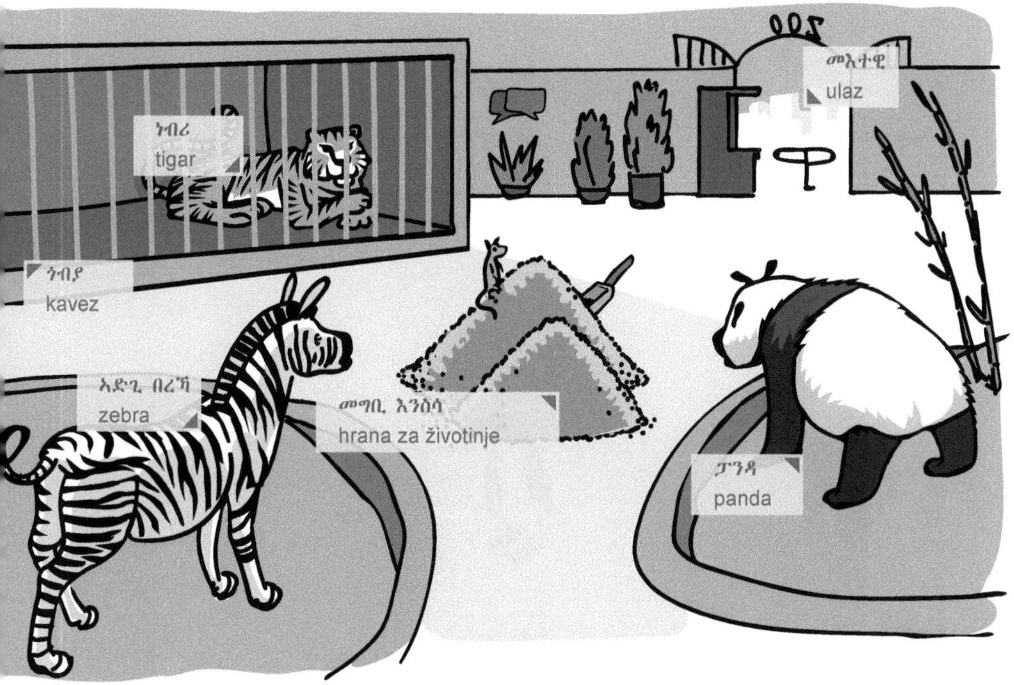

መእተዊ
ulaz
ነብሪ
tigar
ጎብያ
kavez
ኣድጊ በረኻ
zebra
መግቢ እንስሳ
hrana za životinje
ፓንዳ
panda

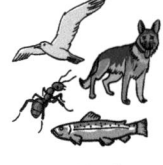

እንስሳታት

životinje

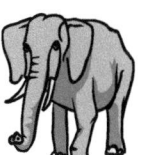

ሓርማዝ

slon

ካንጋሩ

kengur

ሓሪሽ

nosorog

ጕሪላ

gorila

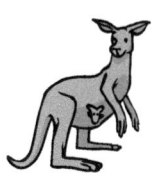

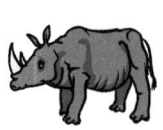

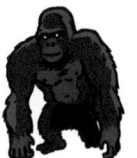

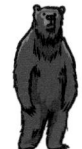

ድቢ

medvjed

ገመል

kamila

ሰገን

noj

አንበሳ

lav

ህበይ

majmun

ፍላሚንጎ

flamingo

ሕንጻይ

papagaj

ድቢ በረድ

polarni medvjed

ፐንጉን

pingvin

ክልቢ ዓሳ

morski pas

ጣውስ

paun

ተመን

zmija

ሓርገጽ

krokodil

ሓላዊ ቤት ገርድሽ

čuvar u zološkom vrtu

ዓሳ ዚምገብ እንስሳ ባሕሪ

tuljan

ጃጓር

jaguar

ሓጹር ፈረስ

poni

ነብሪ

leopard

ጉማረ

nilski konj

ጂራፍ

žirafa

ሊላ

orao

መፍለስ

divlja svinja

ዓሳ

riba

ጎብየ

kornjača

ዋልሩስ

morž

ወኻርያ

lisica

ሰስሓ

gazela

ናይ አሜሪካ ኩዕሶ እግሪ
americki fudbal

ምዝዋር ብሽግለታ
vožnja bicikla

ተኒስ
tenis

ባስከትባል
košarka

ምሕምባስ
plivanje

ቦክሲንግ
boks

ሖኪ በረድ
hokej na ledu

ኩዕሶ እግሪ

fudbal

ባድሚንቶን

bedminton

እስፖርታዊ ንጥፈታት

laka atletika

ኩዕሶ ኢድ

rukomet

ስኪ

skijanje

ፖሎ

polo

ነጠረ skakati

ሕቖፉ zagrliti

ሰሓቐ smijati se

ደረፉ pjevati

ከደ ići

ጸለየ moliti

ሰዓመ ljubiti

ሓለመ sanjati

ጸሓፈ
pisati

ሰአለ
crtati

አርአየ
pokazati

ደፍአ
gurati

ሃበ
dati

መሰደ
uzeti

አለው

imati

ገበረ

raditi

ኮነ

biti

ጠጠው በለ

stajati

ጎየየ

trčati

ሰሓበ

vući

ሰንደወ

baciti

ወደቐ

pasti

ሓሰወ

ležati

ተጸበየ

čekati

ሰከመ

nositi

ኮፍ በለ

sjediti

ተኸድነ

obući

ደቀሰ

spavati

ተስአ

probuditi

ረአየ

pogledati

በኸየ

plakati

ብኣጻብዑ ደረዘ

milovati

መሸጠ

češljati

ተዛረበ

govoriti

ተረድአ

razumjeti

ሓተተ

pitati

ሰምዐ

slušati

ሰተየ

piti

በልዐ

jesti

ኣቐመጠ

pospremiti

ኣፍቀረ

voljeti

ከሸነ

kuhati

ዘወረ

voziti

ነፈረ

letjeti

ብመርከብ ገየሽ

jedriti

ደመረ

računati

አንበበ

čitati

ተመሃረ

učiti

ሰርሐ

raditi

መርዓወ

vjenčavti

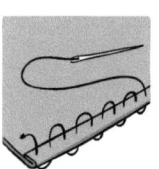

ሰፈየ

šiti

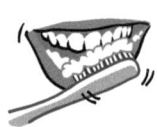

ጽሬት አስናን

prati zube

ቀተለ

ubiti

ሽጋራ ተከኸ

pušiti

ሰደደ

slati

ዓባየ
baka

አቦሓጎ
djed

አቦ
otac

አደ
majka

ማማየ
beba

ጓል
kćerka

ወዲ
sin

ጋሻ
gost

ሓትኖ
ujna, tetka, strina

አኮ
ujak, tetak, stric

ሓው
brat

ሓፍቲ
sestra

ኣካላት
tijelo

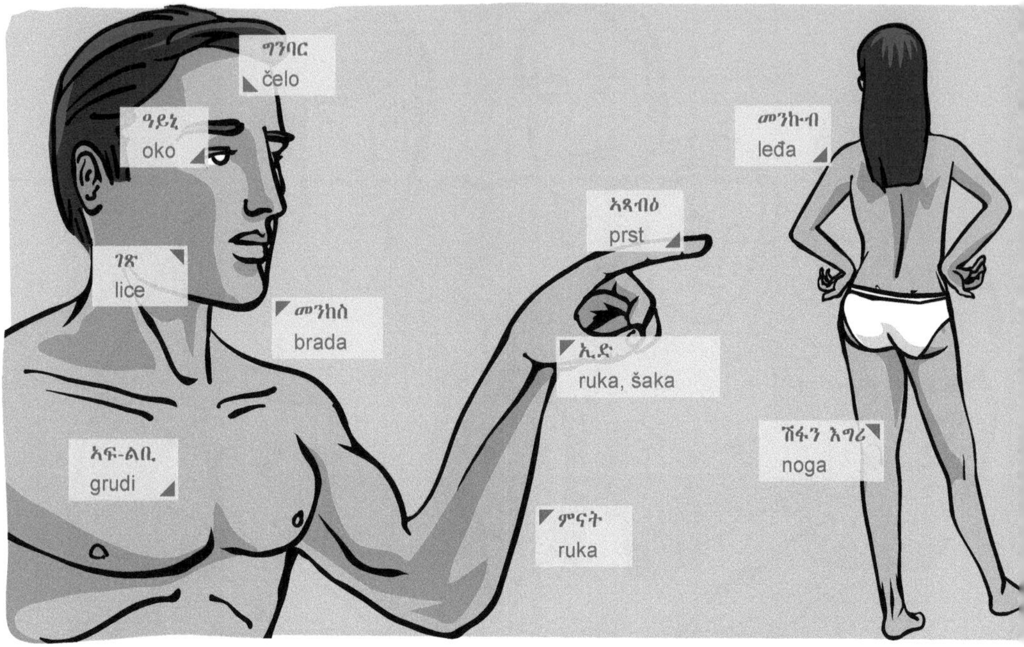
ግንባር
čelo
ዓይኒ
oko
ገጽ
lice
መንከስ
brada
ኣጻብዕ
prst
ኢድ
ruka, šaka
ኣፍ-ልቢ
grudi
ምናት
ruka
መንኩብ
leđa
ሽፋን እግሪ
noga

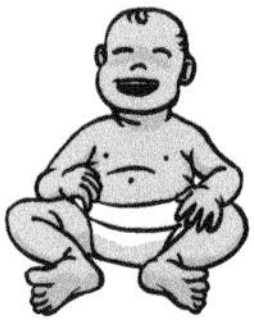

ማማይ
beba

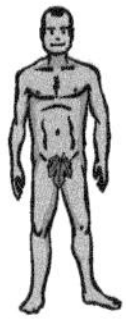

ሰብኣይ
muškarac

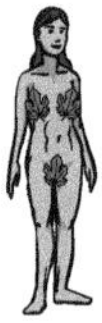

ሰበይቲ
žena

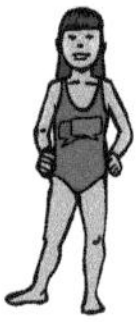

ጓል
djevojčica

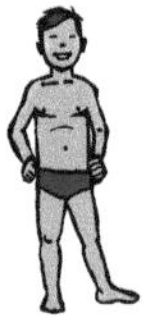

ወዲ
dječak

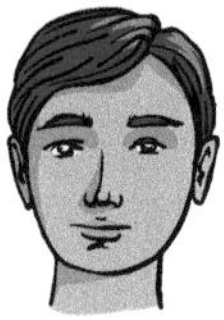

ርእሲ
glava

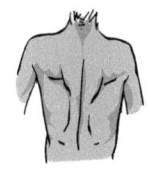

ሕቖ

leđa

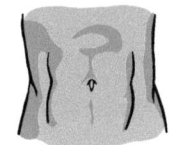

ከስዐ

stomak

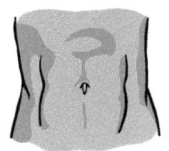

ሕምብርቲ

pupak

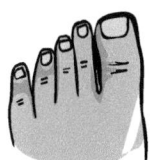

አጻብዕ እግሪ

nožni prst

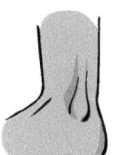

ኩርኹረ

peta

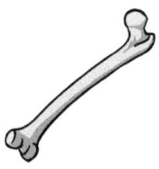

ዓጽሚ

kosti

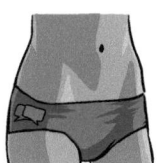

ምሕኮልቲ

kuk

ብርኪ

koljeno

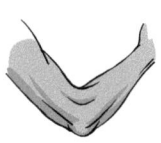

ፍግፍጐ

lakat

አፍንጫ

nos

መዓኮር

stražnjica

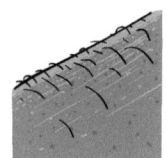

ቆርበት

koža

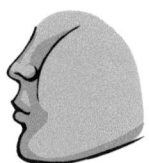

ምዕጉርቲ

obraz

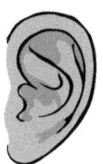

እዝኒ

uho

ከንፈር

usna

አፍ
usta

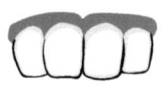

ስኒ
zub

መልሓስ
jezik

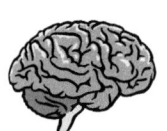

ሓንጎል
mozak

ልቢ
srce

ጭዋዳ
mišić

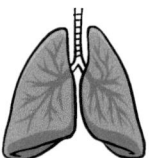

ሳንቡእ
pluća

ጸላም ከብዲ
jetra

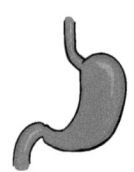

ከብዲ
želudac

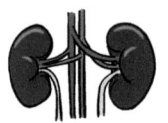

ኩሊት
bubreg

ግብረ ስጋ
spolni odnos

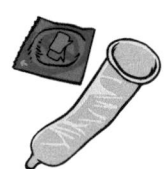

ኮንዶም
kondom

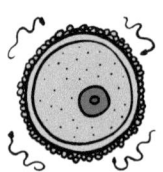

እንቋቝሖ
jajna ćelija

ዘርኢ ተባዕታይ
sperma

ጥንሲ
trudnoća

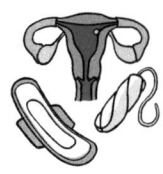

ጽግያት
menstruacija

ርሕሚ
vagina

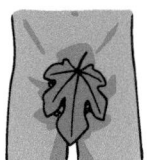

መትሎ
penis

ሽፋሽፍቲ
obrva

ጸጉሪ
kosa

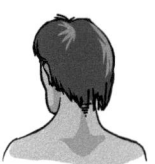

ክሳድ
vrat

ሆስፒታል
bolnica

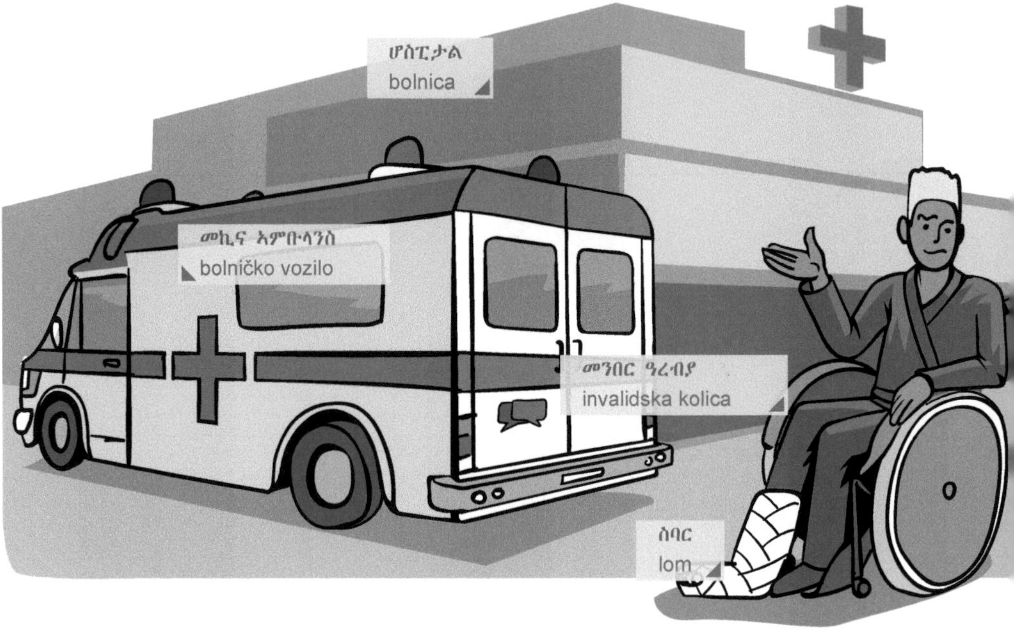

ሆስፒታል
bolnica
መኪና ኣምቡላንስ
bolničko vozilo
መንበር ዓረብያ
invalidska kolica
ስባር
lom

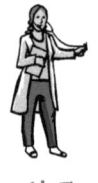

ሓኪም

ljekar

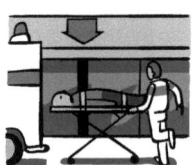

ክፍሊ ህጹጽ ረድኤት

hitna služba

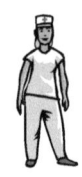

ኣላይት

medicinska sestra

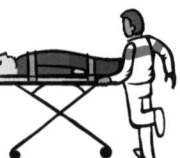

ህጹጽ ኩነት

hitna pomoć

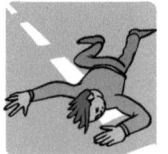

ውነኡ ዘጥፍአ

nesvjest

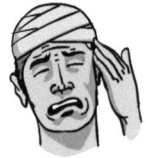

ቃንዛ

bol

ጕድኣት

povreda

ደም

krvarenje

ማህረምቲ

srčani udar, infarkt

ማህረምቲ

moždani udar

ኣለርጂ

alergija

ሰዓል

kašalj

ረስኒ

groznica

ኡንፍልወንዛ

gripa

ውጽኣት

proljev

ቃንዛ ርእሲ

glavobolja

መንሽሮ

rak

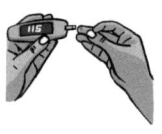

ሹኮርያ

dijabetes

ሓኪም መጥባሕቲ

hirurg

መጥብሒ

skalpel

መጥባሕቲ

operacija

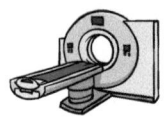

CT

CT

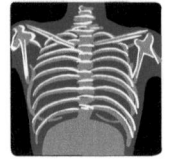

ራ̈ጂ

rendgen

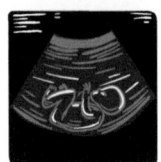

ልዕለ ድምጸዊ

ultrazvuk

መሸፈኒ ገጽ

maska

ሕማም

bolest

ክፍሊ ምጽባይ

čekaonica

ምርኩስ

štake

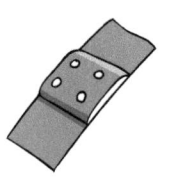

መጀነኒ ቘስሊ

flaster

መጀነኒ

zavoj

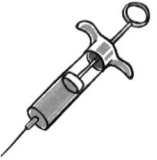

መርፍዕ ምውጋእ

injekcija

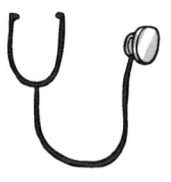

ስተቶስኮፕ

stetoskop

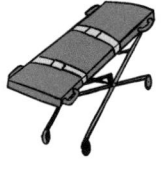

መሰከሚ ሕማም

nosilo

ቴርሞመተር

termometar

ትውልዲ

porod

ልዕለ-ሚዛን

prekomjerna težina, debljina

ሓገዝ ምስማዕ
....
slušni aparat

አንጻሂ
....
sredstvo za dezinfekciju

ልበዳ
....
infekcija

ቫይረስ
....
virus

ኤድስ
....
HIV/ AIDS

ሕክምና
....
medicina

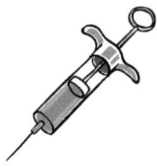

ክታበ
....
vakcinacija

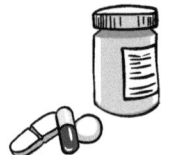

ክኒና
....
tablete

ክኒና
....
pilula

ህጹድ ምድዋል
....
hitni poziv

መዐቀኒ ጸቕጢ ደም
....
aparat za mjerenje pritiska

ሕሙም / ጥዑይ
....
bolestan / zdrav

ሓገዝ

Upomoć!

ኣላርም

alarm

ምህጃም

napad, prepad

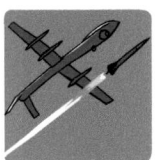

መጥቃዕቲ

napad

ድንገት

opasnost

ህጹጽ መውጽኢ

izlaz u slučaju opasnosti

ሓዊ!

Požar!

መጥፍኢ ሓዊ

vatrogasni aparat

ሓደጋ

nezgoda

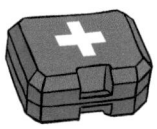

ሳንጣ ቀዳማይ ረድኤት

torba prve pomoći

SOS

SOS

ፖሊስ

policija

ኤውሮጳ

Europa

ሰሜን አመሪካ

Sjeverna Amerika

ደቡብ አመሪካ

Južna Amerika

አፍሪቃ

Afrika

ኤስያ

Azija

አውስትራልያ

Australija

አትላንቲክ

Atlantik

ፓሲፊክ

Pacifik

ህንዳዊ ዉቕያኖስ

Indijski okean

አንታርቲካዊ ዉቕያኖስ

Antarktički okean

አርክቲካዊ ዉቕያኖስ

Arktički okean

ሰሜናዊ ዋልታ

Sjeverni pol

ደቡባዊ ዋልታ

Južni pol

አንታርቲካ

Antarktik

ም ድሪ

Zemlja

መሬት

zemlja

ባሕሪ

more

ደሴት

ostrvo

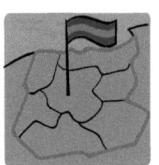

ሃገር

nacija

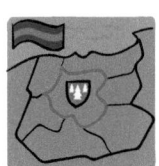

ዓዲ

država

ገጽ ሰዓት

brojčanik sata

አመልካቺ ሰዓታት

kazaljka sata

አመልካቺ ደቓይቝ

kazaljka minute

አመልካቺ ካልኢት

kazaljka sekunde

ሰዓት ክንደይ አሎ?

Koliko je sati?

መዓልቲ

dan

ግዜ

vrijeme

ሕጂ

sada

ዲጊታል ሰዓት

digitalni sat

ደቒቝ

minuta

ሰዓት

sat

sedmica, nedjelja

ሰኑይ
ponedjeljak

MO

W srijeda
ረቡዕ

FR petak
ዓርቢ

TU

TH
ቀዳም

SA

SO

ሰሉስ
utorak

ሓሙስ
subota

ሓሙስ
četvrtak

ሰንበት
nedjelja

ትማሊ
juče

ሎሚ
danas

ጽባሕ
sutra

ንጎሆ
jutro

ቀትሪ
podne

ምሸት
veče

መዓልታት ስራሕ
radni dani

መወዳእታ ሰሙን
vikend

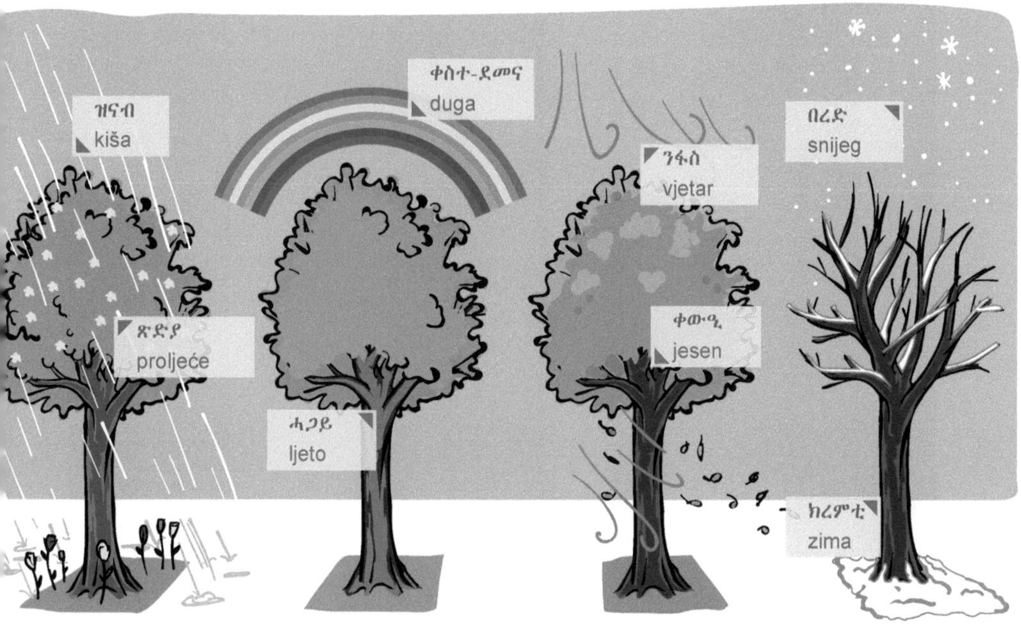

ዝናብ
kiša
ቀስተ-ደመና
duga
ንፋስ
vjetar
በረድ
snijeg
ጽድያ
proljeće
ሓጋይ
ljeto
ቀውዒ
jesen
ክረምቲ
zima

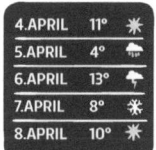

4.APRIL 11°
5.APRIL 4°
6.APRIL 13°
7.APRIL 8°
8.APRIL 10°

ትንቢት ኩነታት ኣየር

....

prognoza vremena

F
C
120
90
60
30
0
-30
40
30
20
10
0
-10
-20

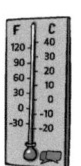

ቴርሞመተር

....

termometar

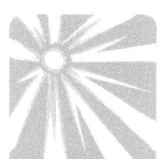

ብርሃን ጸሓይ

....

sunčev sjaj

ደበና

....

oblak

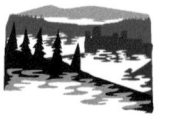

ግመ

....

magla

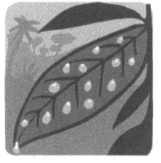

ጠሊ

....

vlažnost vazduha

ብርቂ

munja

ነጎዳ

grom

ህቦብላ

oluja

በረድ

tuča, led

ብርቱዕ ህቦብላ

monsun

ውሕጅ

poplava

በረድ

led

ጥሪ

januar

ለካቲት

februar

መጋቢት

mart

ሚያዝያ

april

ጉንበት

maj

ሰነ

juni

ሓምለ

juli

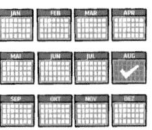

ነሓሰ

avgust

መስከረም
....
septembar

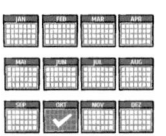

ጥቅምቲ
....
oktobar

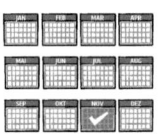

ሕዳር
....
novembar

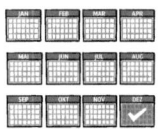

ታሕሳስ
....
decembar

ቅርጽታት

oblici

ዙርያ
....
krug

ትርብዒት
....
kvadrat

ቅኑዕ ርቡዕ ኩርናዕ
....
pravougao

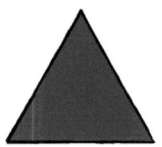

ስሉስ ኩርናዕ
....
trougao

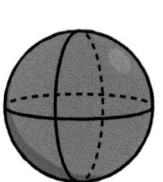

ክቢ
....
kugla

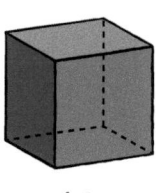

ኩቦ
....
kocka

ጸዕዳ

bjel

ብጫ

žut

አራንሺ

narandžast

ፒንክ

pink

ቀይሕ

crven

ጁኽ

ljubičast

ሰማያዊ

plav

ቀጠልያ

zelen

ቡናዊ

smeđ

ሓሙኽሽታይ

siv

ጸሊም

crn

ብዙሕ / ውሑድ

malo / mnogo

ሕሩቕ / ሰላማዊ

ljutit / miran

ጽቡቕ / ክፉእ

lijep / ružan

መጀመርያ / መወዳእታ

početak / kraj

ዓቢ / ንእሽቶ

veliki / mali

ብሩህ / ጸልማት

svijetlo / tamno

ሓው / ሓፍት

brat / sestra

ጽሩይ / ርሳሕ

čist / prljav

ምሉእ / ዘይምሉእ

potpun / nepotpun

መዓልቲ / ለይቲ

dan / noć

ሙዉት / ህልው

mrtav / živ

ሰፊሕ / ጸቢብ

široko / usko

ደስ ዘበለ / ደስ ዘይብል
ukusno / neukusno

እኩይ / ህያዋይ
zao / prijatan

ርቡጽ / ስልኩይ
uzbuđen / dosadan

ረጊድ / ቀጢን
debeo / mršav

ቀዳማይ / ናይ መወዳእታ
najprije / najkasnije

ዓርኪ / ጸላኢ
prijatelj / neprijatelj

ምሉእ / ባዶ
pun / prazan

ተሪር / ልስሉስ
trvd / mekan

ከቢድ / ፈኩስ
težak / lagan

ጥምየት / ጽምየት
glad / žeđ

ሕሙም / ጥዑይ
bolestan / zdrav

ዘይሕጋዊ / ሕጋዊ
ilegalan / legalan

መስተውዓሊ / ስዲ
inteligentan / glup

ጸጋም / የማን
lijevo / desno

ቓረባ / ርሑቕ
blizu / daleko

ሓዲሽ / ብሉይ

nov / polovan

ዋላ ሓደ / ገለ

ništa / nešto

ዓቢ/ኣረጊት / መንእሰይ

star / mlad

ወልዕ / ኣጥፍእ

uključeno / isključeno

ክፉት / ዕጹው

otvoreno / zatvoreno

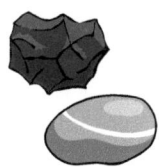

ህዱእ / ዓው

tiho / glasno

ሃብታም / ድኻ

bogat / siromašan

ቅኑዕ / ግጉይ

tačno / pogrešno

ሓርፋፍ / ልሙጽ

hrapav / glatak

ጉሁይ / ሕጉስ

tužan / srećan

ሓጺር / ነዊሕ

kratak / dug

ቀስ / ቅልጡፍ

spor / brz

ጥሉል / ንቚጽ

mokro / suho

ምዉቕ / ዝሑል

toplo / hladno

ውግእ / ሰላም

rat / mir

0

ዜሮ

nula

1

ሓደ

jedan

2

ክልተ

dva

3

ሰለስተ

tri

4

አርባዕተ

četiri

5

ሓሙሽተ

pet

6

ሽዱሽተ

šest

7

ሸውዓተ

sedam

8

ሸሞንተ

osam

9

ትሽዓተ

devet

10

ዓሰርተ

deset

11

ዓሰርተ ሓደ

jedanaest

12

ዓሰርተ ክልተ
....
dvanaest

13

ዓሰርተ ሰለስተ
....
trinaest

14

ዓሰርተ ኣርባዕተ
....
četrnaest

15

ዓሰርተ ሓሙሽተ
....
petnaest

16

ዓሰርተ ሽዱሽተ
....
šesnaest

17

ዓሰርተ ሸውዓተ
....
sedamnaest

18

ዓሰርተ ሸሞንተ
....
osamnaest

19

ዓሰርተ ትሽዓተ
....
devetnaest

20

ዕስራ
....
dvadeset

100

ሚእቲ
....
sto

1.000

ሽሕ
....
hiljada

1.000.000

ሚልዮን
....
milion

እንግሊዝኛ

engleski

አሜሪካዊ እንግሊዛዊ

američki engleski

ቻይናዊ ማንዳሪን

kinesko mandarinski

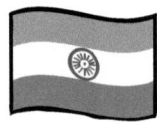

ሂንዳዊ

hindi

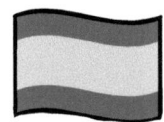

እስጳኛዊ

španski

ፈረንሳዊ

francuski

ዓረባዊ

arapski

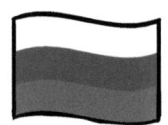

ሩሲያዊ

ruski

ፖርቱጋላዊ

portugalski

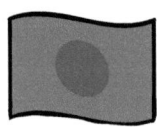

በንጋሊ

bengalski

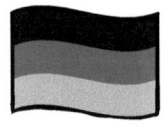

ጀርመናዊ

njemački

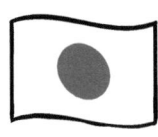

ጃፓናዊ

japanski

አነ
ja

ንስኻ/ኺ.
ti

ንሱ / ንሳ / ንሱ
on / ona / ono

ንሕና
mi

ንስኻ
vi

ንሳቶም
oni

መን?
ko?

እንታይ?
šta?

ከመይ?
kako?

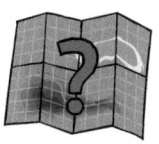

አበይ?
gdje?

መዓስ?
kada?

ሽም
ime

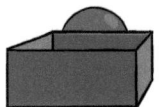

ድሕሪ

iza

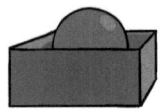

አብ

u

አብ ቅድሚ

pred

አብ ላዕሊ

iznad

አብ ልዕሊ

na

ትሕቲ ምድሪ

ispod

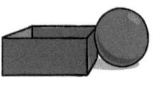

አብ ጥቓ

pored

አብ መንጎ

između

በታ

mjesto